AF302073

Mehr als 30 Cent pro Kilometer

Tatsächliche PKW-Kosten in der Steuererklärung nutzen und bares Geld sparen

M.Eng. Johannes Schneider

Bibliografische Information der Deutschen Nationalbibliothek:
Die Deutsche Nationalbibliothek verzeichnet diese Publikation in der Deutschen Nationalbibliografie; detaillierte bibliografische Daten sind im Internet über http://dnb.dnb.de abrufbar.

Verlag: BoD · Books on Demand GmbH, In de Tarpen 42, 22848 Norderstedt
Druck: Libri Plureos GmbH, Friedensallee 273, 22763 Hamburg

Erste Ausgabe: November 2024, Ingolstadt

ISBN: 978-3-7693-0674-3

Johannes Schneider, Lenaustr. 3c, 85055 Ingolstadt
Schneider_Johannes@t-online.de
www.johannes-schneider.eu

Disclaimer

Die Inhalte dieses Buches wurden mit größter Sorgfalt recherchiert. Dennoch übernimmt der Autor keine Haftung für die Richtigkeit, Vollständigkeit und Aktualität der bereit gestellten Informationen. Die Informationen sind insbesondere auch allgemeiner Art und stellen keine Rechtsberatung im Einzelfall dar. Haftungsansprüche gegen den Autor, welche sich auf Schäden materieller oder ideeller Art beziehen, die durch die Nutzung der dargebotenen Informationen bzw. durch die Nutzung fehlerhafter und unvollständiger Informationen verursacht wurden, sind grundsätzlich im weitest zulässigen Rahmen ausgeschlossen. Zur Lösung von konkreten Rechts-/Steuerfällen konsultieren Sie bitte unbedingt einen Anwalt oder Steuerberater.

Dieses Buch enthält Verknüpfungen zu Websites Dritter ("externe Links"). Diese Websites unterliegen der Haftung der jeweiligen Betreiber. Der Anbieter hat bei der erstmaligen Verknüpfung der externen Links die fremden Inhalte daraufhin überprüft, ob etwaige Rechtsverstöße bestehen. Zu dem Zeitpunkt waren keine Rechtsverstöße ersichtlich. Der Anbieter hat keinerlei Einfluss auf die aktuelle und zukünftige Gestaltung und auf die Inhalte der verknüpften Seiten. Das Setzen von externen Links bedeutet nicht, dass sich der Autor die hinter dem Verweis oder Link liegenden Inhalte zu eigen macht. Eine ständige Kontrolle dieser externen Links ist für den Autor ohne konkrete Hinweise auf Rechtsverstöße nicht zumutbar. Bei Kenntnis von Rechtsverstößen werden jedoch derartige externe Links unverzüglich gelöscht.

Über den Autor

Johannes Schneider, geboren 1989, beschäftigt sich seit seiner Jugend mit Fragen und Mechanismen von Wirtschaft, Politik und Börse. Parallel zum Abitur absolvierte er eine Ausbildung zum Werkzeugmechaniker, die er als Deutschlandbester (IHK) abschloss. Dies veranlasste ihn das Studium des Wirtschaftsingenieurwesens aufzunehmen. Das Bachelor- und Masterstudium schloss er jeweils als Fakultätsbester ab. Seit 2014 ist er als Ingenieur (M. Eng.) bei einem OEM in der Automobilbranche tätig und begleitete mehrere Positionen in verschiedenen Fachbereichen und an Standorten im In- und Ausland. Durchgehend liegt dabei, wie in seinem Studium, ein Schwerpunkt auf der Interdisziplinarität zwischen verschiedenen Anspruchsgruppen sowie Theorie und Praxis.

Neben seiner Tätigkeit als Arbeitnehmer verfolgt er stets Projekte in selbstständiger Arbeit. Im Jahr 2016 erschien sein erstes Buch „Virtuelle Fahrzeugentwicklung – Chancen und Herausforderungen in der Produkt-/Prozessabsicherung".[1] Darin diskutiert Johannes Schneider die notwendige Neugestaltung des Entwicklungsprozesses von Fahrzeugen unter Berücksichtigung der virtuellen Methoden zur Fahrzeugentwicklung. Ebenfalls im Jahr 2016 gründete er zusammen mit zwei Freunden eine Unternehmergesellschaft in der Immobilienbranche. Als CFO verantwortete er für zwei Jahre die Buchführung und Steuerfragen des Start-ups.[2] Diese Erfahrung bildete 2019 die Grundlage für sein zweites Buch „Buchhaltung & Steuern für Start-ups – Praxishandbuch für Unternehmergesellschaften".[3] Er beschreibt dabei zum ersten Mal ganzheitlich die notwendigen Tätigkeiten zur selbstständigen

---

[1] Buch: ISBN 978-3-7418-3048-8; eBook: ISBN 978-3-7418-2793-8

[2] Aufgrund von Änderungen der gesetzlichen Rahmenbedingungen musste die UG im 2. Geschäftsjahr liquidiert werden.

[3] Buch: ISBN 978-3-7494-3385-8; eBook: ISBN 978-3-7494-1298-3

Durchführung der Buchhaltung und der Steuer in der unternehmerischen Praxis.

Seit über zehn Jahren nutzt Johannes Schneider das sowohl in Ausbildung als auch Praxis erworbene Wissen über Steuern zur eigenständigen Erstellung und Abgabe seiner Steuererklärungen. Aufgrund seiner Aktivitäten als Arbeitnehmer, Unternehmer und Immobilieninvestor baut er sein steuerliches Know-How kontinuierlich aus. Hieraus entstanden die Idee und Umsetzung für das vorliegende Buch.

Inhaltsverzeichnis

Tabellenverzeichnis

1 Einleitung

1.1 Motivation und Beispiel

Die meisten Steuerpflichtigen nutzen für die Abrechnung von Fahrtkosten mit dem eigenen PKW in der Steuererklärung die geläufige Kilometerpauschale von 30 Cent pro Kilometer.

Die Geltendmachung der realen, tatsächlich angefallenen Fahrtkosten wird sehr selten genutzt. Leider weder von „Laien", die ihre Steuererklärung selbst machen, noch von ausgebildeten und extra bezahlten Steuerberatern.

Die Gründe hierfür liegen bei schlichter Unwissenheit und der Annahme, dass hierfür großer Aufwand und Steuerwissen notwendig sind. Bei Steuerberatern fallen solche möglichen „Steuergestaltungen" meist dem Umstand der chronischen Arbeitsüberlastung zum Opfer, es wird deshalb oft nur nach den Standardverfahren gearbeitet.

Das Ergebnis bei der Berechnung der tatsächlichen Fahrtkosten mit dem eigenen PKW wird für viele Steuerpflichtige überraschend hoch sein. Gerade deshalb liegt hier ein großes, steuerliches Potential, das genutzt werden sollte.

Tabelle 1 zeigt die Aufwendungen für Fahrtkosten bei verschiedenen Kilometeranzahlen der Fahrten und Kilometer-Kostensätzen. Das Beispiel zeigt, dass bereits bei geringer Anzahl an Fahrkilometern ein Unterschied von mehreren Hundert Euro entsteht zwischen der Abrechnung mit der Kilometerpauschale im Vergleich zur Verwendung des tatsächlichen Kilometer-Kostensatzes. Beispielsweise können bei einer Fahrstrecke von 1.000 Kilometer und einem tatsächlichen Kilometer-Kostensatz von 1,00 €/Km bereits 700 Euro mehr geltend gemacht werden als bei der Kilometerpauschale.

	Kilometer-pauschale	Tatsächlicher Kilometer-Kostensatz		
	0,30 €/Km	**0,60 €/Km**	**1,00 €/Km**	**1,50 €/Km**
100 Km	30 €	60 €	100 €	150 €
500 Km	150 €	300 €	500 €	750 €
1000 Km	300 €	600 €	1.000 €	1.500 €
5000 Km	1.500 €	3.000 €	5.000 €	7.500 €

Tabelle 1: Fahrtkosten - Kilometerpauschale vs. Tats. Km-Kostensatz

Aus den Aufwendungen für Fahrtkosten in Tabelle 1 kann auch direkt auf die zurückerstattete Steuer umgerechnet werden. Hierfür ist der persönliche (Grenz-)Steuersatz entscheidend. Tabelle 2 zeigt die Steuerrückzahlungen für eine beispielhafte Fahrstrecke von 1.000 Kilometer bei verschiedenen Kilometer-Kostensätzen und Grenzsteuersätzen. Das Beispiel zeigt, dass selbst bei einer relativ geringen Anzahl an Kilometern bereits ein Unterschied bei der Steuererstattung von mehreren Hundert Euro entsteht. Beispielsweise werden bei einem Grenzsteuersatz von 42% fast 300 Euro mehr vom Finanzamt zurückgezahlt als bei der Kilometerpauschale.

	Kilometerpauschale	Tatsächlicher Kilometer-Kostensatz
	0,30 €/Km	**1,00 €/Km**
20 %	60 €	200 €
30 %	90 €	300 €
42 %	126 €	420 €

Tabelle 2: Steuererstattung bei Fahrstrecke von 1.000 Kilometer

Durch die Schritt-für-Schritt Anleitung inklusive Excel-Vorlage[4] fürs Finanzamt in diesem Buch ist für die Geltendmachung der tatsächlichen Fahrtkosten ein Zeitaufwand von maximal einer Stunde pro Jahr notwendig. In Anbetracht der dadurch möglichen Steuererstattungen ergibt sich umgerechnet ein attraktiver „Stundenlohn" für diesen geringen „Mehraufwand".

Die Motivation dieses Buches ist es, die oben genannten Gründe gegen die Geltendmachung der realen Fahrtkosten mit dem eigenen PKW zu beseitigen. Es wird gezeigt, dass die tatsächlichen Fahrtkosten für viele Steuerpflichtige und Fälle berücksichtigt werden können. Durch die Schritt-für-Schritt Anleitung inklusive Excel-Vorlage fürs Finanzamt können die realen Aufwendungen für die Fahrten sehr leicht eigenständig und mit sehr geringem Aufwand geltend gemacht werden. Bei Nutzung eines Steuerberaters, kann die ausgefüllte Vorlage einfach mit den anderen Belegen an diesen übergeben werden. Die tatsächlichen Fahrtkosten werden dann auch vom Steuerberater berücksichtigt.

Die Abrechnung der tatsächlichen Fahrtkosten ist hierbei kein „Steuertrick" und auch keine „steuerliche Grauzone". Es handelt sich lediglich um die Berücksichtigung der in Wirklichkeit für die Fahrten angefallenen Kosten. Es ist also die Vorgehensweise, wie sie im Grundsatz für die komplette Buchhaltung & Steuer gefordert wird.

Ergänzend sei erwähnt, dass die 30-Cent-Pauschale im Bundesreisekostengesetz von 2005 festgelegt wurde. Die seither gestiegenen Fahrzeug- und Treibstoffkosten sind nicht berücksichtigt. Wer die tatsächlichen Kosten geltend macht, kann diesem Inflationsverlust entgegenwirken.

---

[4] Die Excel-Vorlage für den Nachweis und die Einreichung beim Finanzamt finden Sie auf der Internetseite www.johannes-schneider.eu.

1.2   Zielgruppe und Inhalt

Die Zielgruppe dieses Buches sind

- Arbeitnehmer, die den eigenen PKW für beruflich veranlasste Fahrten nutzen

- Private Vermieter, die den eigenen PKW für Fahrten in Verbindung mit ihrer Immobilie nutzen

- Selbstständige (Gewerbetreibende / Freiberufler) und Gesellschafter von Personen-/Kapitelgesellschaften, die den eigenen PKW, der nicht Teil des Betriebsvermögens ist, für betriebliche Fahrten nutzen

Die detaillierte Beschreibung der Zielgruppen ist in Kapitel 3 „Anwendungsfälle für die Geltendmachung von tatsächlichen Fahrtkosten" zu finden.

Der Inhalt dieses Buches gliedert sich in neun Kapitel.

In Kapitel 2 erfolgt die Definition der grundlegenden Begriffe für das Verständnis des Buches. Kapitel 3 beschreibt die konkreten Anwendungsbereiche für die Geltendmachung von tatsächlichen Fahrtkosten. Die für die Berechnung der tatsächlichen Fahrtkosten mit dem privaten PKW berücksichtigbaren Kosten werden in Kapitel 4 erläutert. Kapitel 5, 6 und 7 beinhalten die Schritt-für-Schritt Anleitung mit allen Details zur Berechnung der tatsächlichen Fahrtkosten und die dafür notwendigen Vorbereitungen. Zudem wird beispielhaft die Excel-Vorlage gefüllt. In Kapitel 8 wird der Nachweis der zuvor berechneten tats. Fahrtkosten in der Steuererklärung gezeigt. Abschließend erfolgt in Kapitel 9 eine Ergänzung bzgl. der ADAC Autokosten.

2   Begriffsdefinitionen

2.1   Fahrtkosten

Die „Fahrtkosten" beschreiben die Kosten in Euro, die für eine konkrete Fahrt mit dem eigenen PKW entstehen bzw. in der Steuererklärung geltend gemacht werden können.

$$\textit{Fahrtkosten} = \textit{Fahrstrecke} * \textit{Kilometer Kostensatz}$$

Die Fahrstrecke wird dabei in Kilometer angegeben.

Der Kilometer-Kostensatz wird in Euro pro Kilometer angegeben.

Als „Kilometer-Kostensatz" können zwei Varianten eingesetzt werden:

A) Kilometerpauschale

B) Tatsächlicher Kilometer-Kostensatz

Die „Tatsächlichen Fahrtkosten" in Euro für eine Fahrt ergeben sich somit durch Multiplikation der Fahrstrecke mit dem „Tatsächlichen Kilometer-Kostensatz"

$$\textit{Tats. Fahrtkosten} = \textit{Fahrstrecke} * \textit{Tats. Kilometer Kostensatz}$$

Die „Tatsächlichen Fahrtkosten" müssen dem Finanzamt glaubhaft nachgewiesen werden.

Dieser Nachweis ist Inhalt dieses Buches. Durch die Schritt-für-Schritt Anleitung inklusive Excel-Vorlage fürs Finanzamt erfolgt die Berechnung des „Tatsächlichen Kilometer-Kostensatzes" und der daraus folgenden „Tatsächlichen Fahrtkosten".

2.2   Kilometerpauschale

Die „Kilometerpauschale", auch „Reisekostenpauschale" genannt, ermöglicht es „pauschal", und somit ohne spezielle Nachweise, Fahrtkosten durch den eigenen PKW in der Steuererklärung anzugeben.

Die Höhe der „Kilometerpauschale" ist im Bundesreisekostengesetz als sog. „Wegstreckenentschädigung" definiert und ist je Beförderungsmittel unterschiedlich hoch.

–   PKW: 0,30 Euro pro Kilometer

–   Anderes motorisiertes Fahrzeugs[5]: 0,20 Euro pro Kilometer

–   Fahrrad: Keine Kilometerpauschale

2.3   Tatsächlicher Kilometer-Kostensatz

Der „Tatsächliche Kilometer-Kostensatz" ergibt sich durch Division aller real entstandenen Aufwendungen bei der Nutzung des eigenen PKWs (= „Tatsächliche Fahrzeugkosten"), durch die Anzahl der damit gefahrenen Gesamtkilometer.

Er hat somit die Einheit „Euro pro Kilometer".

$$\textit{Tatsächlicher Kilometer Kostensatz} = \frac{\textit{Tatsächliche Fahrzeugkosten}}{\textit{Gefahrene Gesamtkilometer}}$$

Alternativ wird für diese Berechnung auch der Begriff „Vollkosten-Abrechnung/-Kalkulation" eingesetzt.

---

[5] z.B. Motorrad

Die „Tatsächlichen Fahrtkosten" in Euro für eine Fahrt ergeben sich somit durch Multiplikation der Fahrstrecke mit dem „Tatsächlichen Kilometer-Kostensatz"

$$\textit{Tats. Fahrtkosten} = \textit{Fahrstrecke} * \textit{Tats. Kilometer Kostensatz}$$

Die „Tatsächlichen Fahrtkosten" müssen dem Finanzamt glaubhaft nachgewiesen werden.

Dieser Nachweis ist Inhalt dieses Buches. Durch die Schritt-für-Schritt Anleitung inklusive Excel-Vorlage fürs Finanzamt erfolgt die Berechnung des „Tatsächlichen Kilometer-Kostensatzes" und der daraus folgenden „Tatsächlichen Fahrtkosten".

2.4   Entfernungspauschale

Die „Entfernungspauschale", auch „Pendlerpauschale" genannt, ist eine Sonderform der „Kilometerpauschale" für die Abrechnung von Fahrtkosten.

Bei folgenden Arten von Fahrten ist nur die Entfernungspauschale als Kilometer-Kostensatz ansetzbar. Eine Geltendmachung der tatsächlichen Fahrtkosten mit dem tatsächlichen Kilometer-Kostensatz ist ausgeschlossen.

-   Fahrten zwischen Wohnung und erster Tätigkeitsstätte[6]

-   Fahrten zwischen Wohnung und Bildungseinrichtung bei Aus- oder Fortbildung ohne inhaltlichen Bezug zum Arbeitsverhältnis, wenn der Bildungsschwerpunkt am Ausbildungsort liegt

-   Familienheimfahrten bei doppelter Haushaltsführung[7]

---

[6] Ausnahme siehe Kapitel 3.1

[7] Ausnahme siehe Kapitel 3.1

Die Entfernungspauschale ermöglicht es (analog zur „Kilometerpauschale")
„pauschal" und somit ohne spezielle Nachweise die Fahrtkosten für die o.g.
Fahrten in der Steuererklärung anzugeben.

Dabei gibt es jedoch wichtige weiterführende Regelungen[8]:

1. Einfache Strecke:
    Es darf nur die einfache Wegstrecke, also nicht Hin- und Zurück, ab-
    gerechnet werden

2. Pauschale Kilometersätze:
    Für die ersten 20 Kilometer: 0,30 Euro pro Kilometer
    Ab dem 21. Kilometer: 0,38 Euro pro Kilometer[9]

3. Unabhängig vom Verkehrsmittel:
    Auch ansetzbar, wenn Weg mit ÖPNV oder zu Fuß zurückgelegt
    wird

Die „Entfernungspauschale" ist somit vor allem aufgrund der Begrenzung
auf die „einfache Wegstrecke" in Verbindung mit den pauschalen Kilome-
tersätzen für den Steuerpflichtigen eher nachteilig.

---

[8] Aufzählung nicht vollständig, vgl. EStG § 9 Absatz 4
[9] Nur in den Jahren 2022 bis 2026

3 Anwendungsfälle für die Geltendmachung von tatsächlichen Fahrtkosten

Für die Geltendmachung der tatsächlichen Fahrtkosten durch den eigenen PKW gibt es je nach Zielgruppe bzw. Einkunftsart verschiedene Anwendungsfälle.

Dieses Kapitel beschreibt von wem und in welchen Fällen die realen Fahrtkosten steuerlich angesetzt werden können.

Die Angaben bzgl. Steuerformularen und entsprechende Zeilennummern sind gültig für das Steuerjahr 2023. Andere Jahrgänge können abweichen.

3.1   Arbeitnehmer

Arbeitnehmer machen Fahrtkosten im Allgemeinen als Werbungskosten in der Einkommenssteuererklärung geltend.

Die tatsächlichen Fahrtkosten können für die folgenden Arten von Fahrten mit dem eigenen PKW geltend gemacht werden:

- Berufliche Auswärtstätigkeiten (z.B. Dienstreisen) [N: Zeile 69]

- Zwischenheimfahrten während einer beruflichen Auswärtstätigkeit [N: Zeile 69]

- Die erste Hinfahrt und letzte Rückfahrt im Rahmen einer doppelten Haushaltsführung [N-D: Zeile 14]

- Fahrten im Zusammenhang mit einem beruflich veranlassten Umzug [N: Zeile 65]

- Fahrten zu Vorstellungsgesprächen [N: Zeile 65]

- Fahrten im Zusammenhang mit einer beruflichen Fortbildung zu Lernarbeitsgemeinschaften [N: Zeile 63]

- Nur bei Menschen mit Behinderung[10]:

    - Fahrten zwischen Wohnung und erster Tätigkeitsstätte [N: Zeile 65]

    - Familienheimfahrten bei doppelter Haushaltsführung [N-D: Zeile 19-20]

---

[10] Menschen mit Behinderung, deren Grad der Behinderung mindestens 70 beträgt oder einem Grad der Behinderung zwischen 50 und unter 70, wenn im Behindertenausweis das Merkzeichen G oder aG vermerkt ist

Wie bereits erwähnt kann bei diesen Fahrten die komplette Fahrstrecke, also Hin- und Rückweg, angesetzt werden.

Die bei diesen Fahrten entstandenen Kosten werden in der Anlage N oder Anlage N-Doppelte Haushaltsführung eingetragen. Die exakten Zeilen in den Formularen sind in den eckigen Klammern angegeben.

Hinweis:

Nicht selten werden die Fahrtkosten in Zusammenhang mit den oben genannten Fällen vom Arbeitgeber direkt (steuerfrei) an den Arbeitnehmer erstattet. Bei vollständiger Erstattung durch den Arbeitgeber können die Fahrtkosten natürlich nicht mehr in der Einkommenssteuererklärung geltend gemacht werden.

Im Allgemeinen sind folgende drei Varianten im Umgang mit Fahrtkosten in den o.g. Fällen möglich:

A) Vollständige Erstattung durch Arbeitgeber:
   Fahrtkosten werden vom Arbeitnehmer beim Arbeitgeber eingereicht und dieser erstattet den kompletten Betrag steuer- und sozialversicherungsfrei an den Arbeitnehmer. Keine Angabe in Steuererklärung durch Arbeitnehmer.

B) Keine Erstattung durch Arbeitgeber:
   Arbeitnehmer gibt die entstandenen Fahrtkosten selbst in Steuererklärung als Werbungskosten (siehe oben) an

C) Teilweise Erstattung durch Arbeitgeber:
   Arbeitgeber erstattet Fahrtkosten nur mit Kilometerpauschale von 0,30 Euro pro Kilometer. Arbeitnehmer macht die übersteigende Differenz zu den tatsächlichen Fahrtkosten in der Einkommensteuererklärung als Werbungskosten geltend.

Bei allen drei Varianten gilt, dass für die Geltendmachung der tatsächlichen Fahrtkosten der Arbeitnehmer die entstandenen Fahrtkosten mit dem privaten PKW nachweisen muss. Bei Variante A gegenüber dem Arbeitgeber, bei Varianten B und C gegenüber dem Finanzamt. Für alle drei Varianten wird die in diesem Buch erläuterte Schritt-für-Schritt Anleitung inklusive Excel-Vorlage fürs Finanzamt verwendet.

Ergänzend zum Kapitel 2.4 sei nochmal erwähnt, dass für folgende Arten von Fahrten lediglich die Entfernungspauschale mit deren weiterführenden Regelungen verwendet werden kann:

- Fahrten zwischen Wohnung und erster Tätigkeitsstätte[11]

- Fahrten zwischen Wohnung und Bildungseinrichtung bei Aus- oder Fortbildung ohne inhaltlichen Bezug zum Arbeitsverhältnis, wenn der Bildungsschwerpunkt am Ausbildungsort liegt

- Familienheimfahrten bei doppelter Haushaltsführung[12]

---

[11] Ausnahme siehe Kapitel 3.1
[12] Ausnahme siehe Kapitel 3.1

3.2   Private Vermieter

Private Vermieter machen Fahrtkosten im Allgemeinen als Werbungskosten in der Einkommenssteuerererklärung geltend.

Bei privaten Vermietern befindet sich die Immobilie im Privatbesitz, d.h. der Eigentümer ist namentlich im Grundbuch eingetragen.

Zudem treffen die folgend genannten Anwendungsfälle auch auf Immobilien in Besitz von Personengesellschaften (z.B. GbR) und Kapitalgesellschaften (z.B. GmbH) zu. Dies ist je nach Konstellation Bestandteil von Kapitel 3.3.

Die tatsächlichen Fahrtkosten können für alle Fahrten in Zusammenhang mit einer vermieteten Immobilie geltend gemacht werden, zum Beispiel:

- Besichtigung für Kauf[13]

- Übergabe[14]

- Notar für Kaufvertrag[15]

- Notar für Grundschuld

- Besichtigung für nicht gekaufte Immobilien

- Vermietungsangelegenheiten, z.B. Besichtigungen für pot. Mieter

- Durchführung Schönheitsreparaturen

- Einkauf für Schönheitsreparaturen (z.B. zu Baumarkt)

- Eigentümerversammlung

---

[13] Im Rahmen der Anschaffungskosten der Immobilie
[14] Im Rahmen der Anschaffungskosten der Immobilie
[15] Im Rahmen der Anschaffungskosten der Immobilie

–   Finanzierungsangelegenheiten

Für die Berücksichtigung in der Steuererklärung ist wie bei allen Kosten für Immobilien auch bei den Fahrtkosten eine Unterscheidung zwischen Anschaffungskosten und „laufenden" Kosten durchzuführen.

Fahrten im Rahmen der Anschaffung einer Immobilie, z.B. Fahrt zur Besichtigung für Kauf, müssen den Anschaffungskosten hinzugerechnet werden und können „nur" über die Abschreibung für Abnutzung (AfA) als Werbungskosten in die Steuererklärung einfließen.

Fahrten für die laufende Betreuung, z.B. Fahrt zur Durchführung von Schönheitsreparaturen, können sofort vollständig im Jahr der Entstehung geltend gemacht werden. Sie werden in der Anlage V in Zeile 79 „Sonstige Kosten eingetragen.

3.3   Selbstständige und Gesellschafter

Bei Selbstständigen (Gewerbetreibende / Freiberufler) und Gesellschaftern von Personen- und Kapitelgesellschaften ist die Art der Geltendmachung davon abhängig, ob das Fahrzeug Teil des Betriebsvermögens ist oder nicht.

Die in diesem Buch beschriebene Berechnung und Geltendmachung der tatsächlichen Fahrtkosten ist nur möglich, wenn der PKW nicht Teil des Betriebsvermögens, also im Privatbesitz des „Selbstständigen" bzw. Gesellschafters ist.

Selbstständige (Gewerbetreibende / Freiberufler) machen die Fahrtkosten als Betriebsausgabe in der Einnahme-Überschuss-Rechnung (Anlage EÜR, Zeile 56) der Steuererklärung geltend.

Gesellschafter von Kapitalgesellschaften (z.B. GmbH) lassen sich die Fahrtkosten von der Kapitalgesellschaft steuerfrei erstatten. Keine Angabe in Steuererklärung durch Gesellschafter. Die Fahrtkosten werden von der Kapitalgesellschaft als Betriebsausgabe geltend gemacht.

Gesellschafter von Personengesellschaften (z.B. GbR) haben zwei Möglichkeiten. Entweder steuerfreie Erstattung durch die Personengesellschaft (Die Personengesellschaft macht die Fahrkosten als Betriebsausgabe in der Anlage EÜR (Zeile 56) auf Ebene der Personengesellschaft geltend), oder der Gesellschafter trägt die Fahrtkosten selbst und Geltendmachung als Sonderbetriebsausgabe auf Ebene Gesellschafter in der Anlage FE 1 (Zeile 34) zur „Erklärung zur gesonderten und einheitlichen Feststellung von Besteuerungsgrundlagen" (Formular FB).

Zuordnung Betriebsvermögen

Ob ein Fahrzeug Teil des Betriebsvermögens ist, hängt davon ab wie hoch der betriebliche und der private Anteil der Fahrten an der Gesamt-Kilometer Fahrleistung des PKWs ist.

Dabei werden drei Varianten in Abhängigkeit vom privaten Anteil unterschieden:

- Privater Anteil < 10% der Gesamt-Kilometer Fahrleistung:
  Fahrzeug ist kein Teil des Betriebsvermögens, ist also Teil des Privatvermögens.

- Privater Anteil zwischen 10% und 50% der Gesamt-Kilometer Fahrleistung:
  Wahlmöglichkeit, ob Fahrzeug Teil des Betriebsvermögens (= „gewillkürtes Betriebsvermögen") oder Privatvermögens ist.

- Privater Anteil >50% der Gesamt-Kilometer Fahrleistung: Fahrzeug ist zwingend Teil des Betriebsvermögens (= „notwendiges Betriebsvermögen")

PKW ist nicht Teil des Betriebsvermögens

In diesem Fall können die tatsächlichen Fahrtkosten für alle betrieblich veranlassten Fahrten angesetzt werden.

Zu den betrieblichen Fahrten gehören zum Beispiel:

- Fahrten zu Terminen mit Kunden, Lieferanten, Geschäftspartnern, …

- Fahrten zu betrieblichen Behördenterminen, Notar, Anwalt, Versicherungsmakler oder Steuerberater

- Fahrten zu Fortbildungen, Messen und beruflichen Tagungen

- Fahrten zum Einkaufen für betriebliche Zwecke

Zudem gelten die Regelungen für Arbeitnehmer bzgl. der Arten von Fahrten (siehe Kapitel 3.1 „Arbeitnehmer") analog auch für Selbstständige. Es darf somit z.B. für die Fahrten zwischen der eigenen Wohnung und ihrer „ersten Betriebsstätte" (= z.B. angemietetes Büro) nur die Entfernungspauschale angesetzt werden.

Wichtiger Hinweis:

Sobald der Anteil der betrieblich veranlassten und abgerechneten Fahrten höher ist, als der private Anteil an Fahrten mit diesem Fahrzeug (mehr als 50% der Gesamt-Kilometer Fahrleistung) wird der PKW vom Finanzamt automatisch als Teil des Betriebsvermögens eingeordnet. Hierzu zählen auch die Fahrten mit Entfernungspauschale, also z.B. vom Wohnort zur ersten Betriebsstätte. Die Abrechnung der geschäftlichen Fahrten mit dem Privat-PKW ist dann nicht mehr möglich. Es greift der Fall „PKW ist Teil des Betriebsvermögens" mit all seinen Fallstricken.

PKW ist Teil des Betriebsvermögens

In diesem Fall ist die Abrechnung der geschäftlichen Fahrten mit dem Privat-PKW nicht möglich, da der PKW nicht im Privatbesitz ist.

Stattdessen ist der PKW in Eigentum des Betriebs und wird dann auch für private Zwecke genutzt. Deshalb sind alle Fahrzeugkosten in vollen Umfang als Betriebsausgabe ansetzbar (keine Berechnung des tatsächlichen Kilometer-Kostensatzes).

Durch die private Nutzung entsteht jedoch ein sog. geldwerter Vorteil, auf den Einkommensteuer zu zahlen ist.

Zur Ermittlung der Höhe des geldwerten Vorteils stellt das Finanzamt zwei Varianten zur Auswahl:

-    1% Regelung

-    Fahrtenbuch

Hier gibt es sowohl steuerlich als auch dokumentatorisch diverse Details zu beachten. Da dieser Fall nicht die Zielgruppe dieses Buches betrifft, wird hier an dieser Stelle nicht weiter darauf eingegangen.

4 Berücksichtigbare Fahrzeugkosten

Die folgend aufgeführten Kosten können für die Berechnung der tatsächlichen Fahrtkosten mit dem privaten PKW berücksichtigt werden.

Für die Berechnung der tatsächlichen Fahrtkosten mit dem privaten PKW können sowohl dessen Anschaffungskosten als auch laufende Kosten berücksichtigt werden.

Anschaffungskosten:

Unter die Anschaffungskosten fallen der Fahrzeugpreis inkl. Aufpreis für alle Gegenstände, die fest mit dem Auto verbunden sind (= Sonderausstattung) sowie alle nicht wiederkehrenden Aufwendungen, die notwendig sind, um den PKW in einen betriebsbereiten Zustand zu bringen:

- Fahrzeugpreis (brutto)

- Sommer-/Winterräder (Erstanschaffung)

- Überführungskosten

- Zulassung inkl. erste Nummernschilder

Laufende Kosten:

- Leasingraten und Leasingsonderzahlungen

- Finanzierungskosten

- Treibstoffkosten / Stromkosten

- Kfz-Steuer

- Kfz-Vollkasko/-Teilkasko/-Haftpflicht-Versicherung

- Kfz-Rechtsschutzversicherung

- Sommer-/Winterräder (Ersatzanschaffung)

- Reparaturen, Service, Reifenwechsel, ...

- Garagen-/Stellplatzmiete/Anwohnerparkberechtigungen

- Hauptuntersuchungen (TÜV)

- Motoröl, Scheibenspritzmittel, …

- Wagenpflege, Waschanlage, …

- Automobilclub

Die detaillierte Vorgehensweise für die Berücksichtigung dieser Kosten ist in Kapitel 6 „Schritt 2: Berechnung tatsächlicher Kilometer-Kostensatz" beschrieben.

Nicht zu den berücksichtigbaren Fahrzeugkosten zählen beispielsweise:

- Parkgebühren

- Straßenbenutzungsgebühren/Maut/Vignetten

- Insassenunfallversicherung,

- Verwarnungs-, Ordnungs- und Bußgelder

- Kosten für Ladevorrichtung (z.B. Wallbox)

- Aufwendungen für Schäden infolge von Verkehrsunfällen

5   Schritt 1: Notwendige Vorbereitungen

Um die tatsächlichen Fahrzeugkosten geltend zu machen, müssen diese gegenüber dem Finanzamt glaubhaft nachgewiesen werden. Der „glaubhafte Nachweis" kann im Allgemeinen nur durch entsprechende Belege bzw. Rechnungen erfüllt werden.

Deshalb ist es unumgänglich bereits während der Nutzung des PKWs, und somit deutlich vor dem Zeitpunkt der Erstellung der Steuererklärung, mit den Vorbereitungen dafür zu beginnen.

5.1   Notwendiger Betrachtungszeitraum

Wie in Kapitel 2.3 beschrieben, wird der tatsächliche Kilometer-Kostensatz wie folgend berechnet:

$$\textit{Tatsächlicher Kilometer Kostensatz} = \frac{\textit{Tatsächliche Fahrzeugkosten}}{\textit{Gefahrene Gesamtkilometer}}$$

Es ist somit notwendig in einem konkret definierten Betrachtungszeitraum sowohl die tatsächlichen Fahrzeugkosten als auch die währenddessen gefahrenen Gesamtkilometer nachzuweisen.

Optimalerweise wird dies für einen Zeitraum von 12 Monaten durchgeführt.

Im Regelfall werden aber auch kürzere/längere Zeiträume vom Finanzamt akzeptiert.

Ausschlaggebend für die konkrete Definition von Start und Ende des Betrachtungszeitraum ist dabei meist der vorhandene Nachweis der entsprechenden Kilometer-Stände, siehe Kapitel 5.3 „Sammeln von Belegen für die Kilometerstände für Start und Ende des Betrachtungszeitraums".

Wurde der tatsächliche Kilometer-Kostensatz für einen konkreten Betrachtungszeitraum berechnet, kann dieser so lange in den folgenden Steuerjahren verwendet werden, bis sich die Verhältnisse wesentlich ändern. Beispiele hierfür sind der Verkauf des PKWs, Veränderung der Jahresfahrleistung oder eine Leasingsonderzahlung, die nur im ersten Jahr fällig war. Bei einer wesentlichen Änderung muss der tats. Kilometer-Kostensatz neu berechnet und natürlich auch erneut glaubhaft nachgewiesen werden.

5.2   Sammeln von Belegen und Rechnungen für die entstandenen Fahrzeugkosten

Generell sollte für alle in Kapitel 4 aufgeführte Kosten, die für die Berechnung verwendet werden sollen, ein Nachweis vorhanden sein.

Umso vollständiger die Belege und Rechnungen für die Fahrzeugkosten vorliegen, desto einfacher ist sowohl die folgende Berechnung als auch der Nachweis in der Steuererklärung.

In der Praxis hat sich bewährt während des Jahres einfach alle relevanten Belege physisch in einem Ordner zu sammeln oder die Belege direkt nach Erhalt mit dem Handy als PDF zu scannen und mit den anderen digitalen Belegen in einem Cloud-Ordner abzulegen.

Nichtsdestotrotz kann hier durchaus eine eigene „Nutzen-Aufwand" Bewertung bzgl. verschiedener Kostenarten/-höhen durchgeführt werden. Für kleine Beträge ist die Aufbewahrung des Belegs ggf. nicht lohnend in Bezug auf die Auswirkung auf die tatsächlichen Fahrtkosten. Kleine Beträge werden zudem häufig vom Finanzamt auch ohne Nachweis akzeptiert.

Durch Fokus auf die „großen" Kostenpunkte hält sich der Aufwand für den Nachweis minimal.

Unterstützt wird dies dadurch, dass für den Nachweis der Treibstoff / Stromkosten nicht alle einzelnen Belege (z.B. Tankrechnungen) gesammelt werden müssen. Hier ist eine Berechnung über den Durchschnittspreis im Betrachtungszeitraum erlaubt (siehe Kapitel 6 „Schritt 2: Berechnung tatsächlicher Kilometer-Kostensatz").

5.3 Sammeln von Belegen für die Kilometerstände für Start und Ende des Betrachtungszeitraums

Wie in Kapitel 5.1 „Notwendiger Betrachtungszeitraum" beschrieben, ist es notwendig den Kilometerstand des eigenen PKWs zum Beginn und zum Ende des für die Berechnung des tatsächlichen Kilometer-Kostensatzes verwendeten Betrachtungszeitraum nachweisen zu können.

Hierfür bieten sich vor allem Belege an, die sowieso im Rahmen der Fahrzeugkosten entstehen[16] und zudem den Kilometerstand mit ausweisen

Naturgemäß sind dies folgende Arten von Belegen:

- Vertrag für Kauf/Verkauf/Leasing

- Rechnung Service-Termin

- Rechnung Reifenwechsel, Reparatur, etc. in Werkstatt

Ist es vorab nicht abschätzbar, ob geeignete Belege für den Nachweis der Kilometer-Stände anfallen werden, kann als Sicherheit folgender Work-Around angewendet werden:

---

[16] Siehe Kapitel 5.2

Am 1. Januar und 31. Dezember je ein Foto vom Tachostand des Fahrzeugs machen (bestenfalls mit Einblendung des Datums). Die Fotos dann jeweils via E-Mail an die eigene E-Mail-Adresse senden mit entsprechenden Betreff.

5.4   Nachweis der durchgeführten Fahrten

Zuletzt müssen natürlich noch die durchgeführten Fahrten selbst dokumentiert werden. Relevant sind dabei die in Kapitel 3 „Anwendungsfälle für die Geltendmachung von tatsächlichen Fahrtkosten" aufgeführten Arten von Fahrten.

Der Nachweis für Fahrten mit dem eigenen PKW wird mit einem vereinfachten Fahrtenbuch erbracht.

Aus diesem müssen für jede einzelne Fahrt die folgenden Angaben hervorgehen:

- Datum

- Anlass der Reise

- Ausgangspunkt und Ziel der Reise

- Summe der gefahrenen Kilometer (Hin & Zurück)

In der Excel-Vorlage[17] ist hierfür das Blatt „Fahrtenbuch" zu füllen. Nach Durchführung der in diesem Buch folgenden Schritte 1 bis 3 erfolgt dort

---

[17] Die Excel-Vorlage für den Nachweis und die Einreichung beim Finanzamt finden Sie auf der Internetseite www.johannes-schneider.eu.

dann der automatisierte Ausweis des berechneten Kilometer-Kostensatzes und der sich ergebenden tatsächlichen Fahrtkosten.

Fahrtenbuch	für	Audi A6 Avant sport 40 TDI quattro S tronic				
Datum	Grund	Start	Ziel	Gefahrene Kilometer	Tatsächlicher Kilometer-Kostensatz	Fahrtkosten
25.01.2023	Grund A	Wohnort	Ort A	200	0,80 €	160,00 €
20.06.2023	Grund B	Wohnort	Ort B	162	0,80 €	129,60 €
Summe Fahrtkosten						289,60 €

Wichtige Hinweise für Selbstständige und Gesellschafter

Zuordnung Betriebsvermögen:

Sobald der Anteil der betrieblich veranlassten und abgerechneten Fahrten höher ist, als der private Anteil an Fahrten mit diesem Fahrzeug (mehr als 50% der Gesamt-Kilometer Fahrleistung) wird der PKW vom Finanzamt automatisch als Teil des Betriebsvermögens eingeordnet. Hierzu zählen auch die Fahrten mit Entfernungspauschale, also z.B. vom Wohnort zur ersten Betriebsstätte. Die Abrechnung der geschäftlichen Fahrten mit dem Privat-PKW ist dann nicht mehr möglich. Es greift der Fall „PKW ist Teil des Betriebsvermögens"[18] mit all seinen Fallstricken.

---

[18] Siehe Kapitel 3.3

Fahrtenbuch:

Das oben beschriebene „einfache" Fahrtenbuch ist lediglich für den Nachweis von Fahrten mit dem privaten PKW zugelassen, d.h. der PKW ist nicht Teil des Betriebsvermögens.

Ist der PKW Teil des Betriebsvermögens und es wird die Fahrtenbuch-Methode für die Ermittlung des geldwerten Vorteils verwendet, gelten deutlich umfangreichere Anforderungen an das Fahrtenbuch (z.B. lückenlos und unveränderbar). Das oben beschriebene vereinfachte Fahrtenbuch kann dann nicht verwendet werden

6 Schritt 2: Berechnung tatsächlicher Kilometer-Kostensatz

Folgend wird die Berechnung des tatsächlichen Kilometer-Kostensatzes für den eigenen PKW Schritt-für-Schritt inklusive Beispiel-Füllung der Exce-Vorlage beschrieben.

Die Excel-Vorlage für die Berechnung und die Einreichung als Nachweis beim Finanzamt finden Sie auf der Internetseite www.johannes-schneider.eu.

Die Excel-Vorlage beinhaltet folgende vier Blätter:

- Dateneingabe:
  Eintragung aller für die Berechnung des tatsächlichen Kilometer-Kostensatzes relevanten Daten

- Tats. Kilometer-Kostensatz:
  Berechnung des tatsächlichen Kilometer-Kostensatzes anhand der Daten im Blatt „Dateneingabe". Keine Eintragungen notwendig.

- Belege Quellen Rechnungen[19]
  Nachweis der im Blatt „Dateneingabe" gemachten Eintragungen

- Fahrtenbuch:
  Nachweis der durchgeführten und relevanten Fahrten[20]

---

[19] Siehe Kapitel 5.2 und 5.3
[20] Siehe Kapitel 5.4

6.1   Definition konkreter Betrachtungszeitraum für Berechnung

Die Bestimmung eines passenden Betrachtungszeitraum erfolgt anhand der zu Verfügung stehenden Belege für den Nachweis der Kilometer-Stände.[21]

In der Excel-Vorlage sind im Blatt „Dateneingabe" die gelb markierten Felder zu füllen.

Definition konkreter Betrachtungszeitraum für Berechnung

Start Betrachtungszeitraum	27.06.2023
Ende Betrachtungszeitraum	24.04.2024
Kilometer-Stand bei Start	2.177
Kilometer-Stand bei Ende	14.874

Im Blatt „Tats. Kilometer-Kostensatz" werden die Länge des Betrachtungszeitraums und die darin gefahrenen Gesamtkilometer berechnet.

Definition konkreter Betrachtungszeitraum für Berechnung

	Start	Ende
Betrachtungszeitraum	27.06.2023	24.04.2024
Kilometer-Stand	2.177	14.874

-> **Länge Betrachtungszeitraum** = 302 Tage
-> **Gefahrene Gesamtkilometer** = 12697 Kilometer

Grundlage für die Beispielwerte in der Excel-Vorlage sind die Belege „Fahrzeugschein" für „Start Betrachtungszeitraum", „Rechnung Kauf" für „Kilometer-Stand bei Start" und „Rechnung Reifenwechsel für „Ende Betrachtungszeitraum" und „Kilometer-Stand bei Ende". Siehe Blatt „Belege Quellen Rechnungen" in Excel-Vorlage.

---

[21] Siehe Kapitel 5.1 und 5.3

6.2 Berechnung tatsächliche Fahrzeugkosten im konkreten Betrachtungszeitraum

In der Excel-Vorlage sind im Blatt „Dateneingabe" die gelb markierten Felder zu füllen. Bei den laufenden Kosten sind nur die Kosten einzutragen, die im zuvor definierten konkreten Betrachtungszeitraum angefallen sind.

Tatsächliche Fahrzeugkosten im konkreten Betrachtungszeitraum

Anschaffungskosten	
Fahrzeugpreis (brutto)	50.928,00 €
Sommer-/Winterräder (Erstanschaffung)	300,00 €
Überführungskosten	0,00 €
Zulassung, Nummernschilder, ...	45,00 €
Sonstige Anschaffungskosten	0,00 €
Laufende Kosten	
Leasingraten und Leasingsonderzahlungen	0,00
Finanzierungskosten	0,00
Treibstoffkosten / Stromkosten	Keine Eingabe erforderlich
Kfz-Steuer	240,00
Kfz-Vollkasko/-Teilkasko/-Haftpflicht-Versicherung	430,00
Kfz-Rechtsschutzversicherung	0,00
Sommer-/Winterräder (Ersatzanschaffung)	0,00
Reparaturen, Service, Reifenwechsel, ...	25,00
Garagen-/Stellplatzmiete/Anwohnerparkberechtigungen	0,00
Hauptuntersuchungen (TÜV)	0,00
Motoröl, Scheibenspritzmittel, ...	0,00
Wagenpflege, Waschanlage, ...	50,00
Automobilclub	0,00
Sonstige laufende Kosten	0,00

Grundsätzlich sollten für alle hier eingetragenen Kosten entsprechende Belege in der Excel-Vorlage im Blatt „Belege Quellen Rechnungen" als Bild oder Screenshot aufgenommen werden. Im Allgemeinen wird für kleinere Beträge (z.B. Zulassung 45 Euro) kein Nachweis vom Finanzamt gefordert und dieser Aufwand kann gespart werden.

Detail: Berechnung Abschreibung für Abnutzung (AfA)

Bei den berücksichtigbaren Fahrzeugkosten wird zwischen Anschaffungs-kosten und laufenden Kosten unterschieden.[22] Die Anschaffungskosten kön-nen in der Berechnung des tatsächlichen Kilometer-Kostensatzes wie in der Buchhaltung üblich über die Abschreibung für Abnutzung (AfA) berück-sichtigt werden.

In der Excel-Vorlage sind im Blatt „Dateneingabe" die gelb markierten Fel-der zu füllen.

Stammdaten

		Empfehlung
Fahrzeugbezeichnung	Audi A6 Avant sport 40 TDI quattro S tronic	
Antrieb	Konventionell Diesel	
Erstzulassung	25.08.2022	
Eigenes Zulassungsdatum	27.06.2023	Empfehlung
Erfolgt die Definition einer individuellen Restnutzungsdauer?	Nein	Keine Definition einer
Individuelle Restnutzungsdauer in Jahren		individuellen Restnutzungsdauer
Durchschnittsverbrauch in Liter je 100 Km	5,6	
Durchschnittsverbrauch in kWh je 100 Km		Nicht notwendig

Die vom Gesetzgeber definierte Abschreibungdauer für PKWs beträgt sechs Jahre. Wird das Fahrzeug gebraucht gekauft, kann die AfA für die Restnut-zungsdauer berechnet werden. Die Restnutzungsdauer ergibt sich dabei aus der Differenz von sechs Jahren mit dem Alter bei Anschaffung.

Hinweis: Ist das Alter bei Anschaffung bereits über sechs Jahre oder kurz davor, sollte alternativ selbst eine Restnutzungsdauer definiert werden. Als valider Wert haben sich hierbei drei Jahre bewährt. In der Excel-Vorlage er-scheint dann eine Empfehlung. Über die Felder „Erfolgt die Definition einer individuellen Restnutzungsdauer?" und „Individuelle Restnutzungsdauer in Jahren" ist eine entsprechende Definition möglich.

---

[22] Siehe Kapitel 4

Grundlage für die Beispielwerte in der Excel-Vorlage sind die Belege „Fahrzeugschein" für „Eigenes Zulassungsdatum" und „Rechnung Kauf" für „Erstzulassung". Siehe Blatt „Belege Quellen Rechnungen" in Excel-Vorlage.

In der Excel-Vorlage wird im Blatt „Tats. Kilometer-Kostensatz" zunächst die AfA je Tag berechnet.

Detail: Berechnung AfA je Tag

$$\text{AfA je Tag} \;=\; \frac{\text{Anschaffungkosten}}{\text{Restnutzungsdauer}} \;=\; \frac{51.273,00\ \text{€}}{1884\ \text{Tage}} \;=\; 27,21\ \text{€}$$

Anschaffungskosten	=	51.273,00 €		Restnutzungsdauer	=	1884 Tage
Fahrzeugpreis (brutto)		50.928,00 €		Erstzulassung		25.08.2022
Sommer-/Winterräder (Erstanschaffung)		300,00 €		Eigenes Zulassungsdatum		27.06.2023
Überführungskosten		0,00 €		-> Alter bei Anschaffung		306 Tage
Zulassung, Nummernschilder, ...		45,00 €				
Sonstige Anschaffungskosten		0,00 €				

Die Abschreibung für Abnutzung im konkreten Betrachtungszeitraum ergibt sich durch Multiplikation der AfA je Tag mit der Restnutzungsdauer und wird im Feld „Abschreibung für Abnutzung (AfA)" in der Tabelle für die Berechnung der tatsächlichen Fahrzeugkosten ausgewiesen.

Tatsächliche Fahrzeugkosten im Betrachtungszeitraum

Abschreibung für Abnutzung (AfA)	8.218,92 €
Leasingraten und Leasingsonderzahlungen	0,00 €
Finanzierungskosten	0,00 €
Treibstoffkosten / Stromkosten	1.222,98 €
Kfz-Steuer	240,00 €
Kfz-Vollkasko/-Teilkasko/-Haftpflicht-Versicherung	430,00 €
Kfz-Rechtsschutzversicherung	0,00 €
Sommer-/Winterräder (Ersatzanschaffung)	0,00 €

Detail: Berechnung Treibstoff-/Stromkosten

Wie bereits in Kapitel 5.2 erläutert, müssen für die Treibstoff-/Stromkosten nicht alle Einzelbelege (z.B. Tankstellen-Rechnungen) nachgewiesen werden. Es ist die Berechnung über den Durchschnittspreis und -verbrauch im Betrachtungszeitraum erlaubt.

In der Excel-Vorlage sind im Blatt „Dateneingabe" die gelb markierten Felder zu füllen. Die zu füllenden Felder sind abhängig von der Eintragung im Feld „Antrieb".

Stammdaten

Fahrzeugbezeichnung	Audi A6 Avant sport 40 TDI quattro S tronic	
Antrieb	Konventionell Diesel	
Erstzulassung	25.08.2022	
Eigenes Zulassungsdatum	27.06.2023	**Empfehlung**
Erfolgt die Definition einer individuellen Restnutzungsdauer?	Nein	Keine Definition einer
Individuelle Restnutzungsdauer in Jahren		individuellen Restnutzungsdauer
Durchschnittsverbrauch in Liter je 100 Km	5,6	
Durchschnittsverbrauch in kWh je 100 Km		Nicht notwendig

Durchschnittspreise Treibstoff / Strom im konkreten Betrachtungszeitraum

Durchschnittspreis Benzin je Liter		Nicht notwendig
Durchschnittspreis Diesel je Liter	1,72 €	
Durchschnittspreis Gas je Liter		Nicht notwendig
Durchschnittspreis Strom je kWh		Nicht notwendig

Für den Durchschnittsverbrauch in Liter bzw. kWh je 100 Kilometer wird als Quelle die offizielle Herstellerangabe verwendet. Diese wird vom Finanzamt immer akzeptiert. Theoretisch könnte auch die Angabe des Bordcomputers vom PKW verwendet werden (Nachweis mit Foto).

Für die Durchschnittspreise empfiehlt sich als Quelle www.statista.de oder www.destatis.de. Die Detailwebseiten können entweder über Google-Suche oder über folgenden Direktlink[23] aufgerufen werden. Gegebenenfalls muss ein kostenloser Account erstellt werden.

---

[23] Stand 31.10.2024

– Benzin:

https://de.statista.com/statistik/daten/studie/776/umfrage/durch-schnittspreis-fuer-superbenzin-seit-dem-jahr-1972/

– Diesel:

https://de.statista.com/statistik/daten/studie/779/umfrage/durch-schnittspreis-fuer-dieselkraftstoff-seit-dem-jahr-1950/

– Strom:

https://de.statista.com/statistik/daten/studie/154908/umfrage/strom-preise-fuer-haushaltskunden-seit-2006/

Grundlage für die Beispielwerte in der Excel-Vorlage sind die Belege „Durchschnittsverbrauch" für „Durchschnittsverbrauch in Liter je 100 Km" und „Durchschnittspreis Treibstoff / Strom im konkreten Betrachtungszeitraum" für „Durchschnittspreis Diesel je Liter". Siehe Blatt „Belege Quellen Rechnungen" in Excel-Vorlage.

In der Excel-Vorlage werden im Blatt „Tats. Kilometer-Kostensatz" die Treibstoff-/Stromkosten im Betrachtungszeitraums berechnet und in das entsprechende Feld für die tatsächlichen Fahrzeugkosten im Betrachtungszeitraum übertragen.

Detail: Berechnung Treibstoffkosten / Stromkosten im Betrachtungszeitraum

Durchschnittsverbrauch in Liter je 100 Km	5,6
Durchschnittspreis Benzin / Diesel / Gas je Liter	1,72 €
Durchschnittsverbrauch in kWh je 100 Km	0,0
Durchschnittspreis Strom je kWh	0,00 €
Gefahrene Gesamtkilometer	12697
Treibstoffkosten / Stromkosten	**1.222,98 €**

Tatsächliche Fahrzeugkosten im Betrachtungszeitraum

Abschreibung für Abnutzung (AfA)	8.218,92 €
Leasingraten und Leasingsonderzahlungen	0,00 €
Finanzierungskosten	0,00 €
Treibstoffkosten / Stromkosten	1.222,98 €
Kfz-Steuer	240,00 €
Kfz-Vollkasko/-Teilkasko/-Haftpflicht-Versicherung	430,00 €
Kfz-Rechtsschutzversicherung	0,00 €
Sommer-/Winterräder (Ersatzanschaffung)	0,00 €
Reparaturen, Service, Reifenwechsel, ...	30,00 €
Garagen-/Stellplatzmiete/Anwohnerparkberechtigungen	0,00 €
Hauptuntersuchungen (TÜV)	0,00 €
Motoröl, Scheibenspritzmittel, ...	0,00 €
Wagenpflege, Waschanlage, ...	50,00 €
Automobilclub	0,00 €
Sonstige laufende Kosten	0,00 €
Tatsächliche Fahrzeugkosten	**10.191,90 €**

Abschließend werden in der Excel-Vorlage im Blatt „Tats. Kilometer-Kostensatz" die tatsächlichen Fahrtkosten für den konkreten Betrachtungszeitraum aus den zuvor gefüllten und kalkulierten Kostenpositionen berechnet.

6.3 Berechnung tatsächlicher Kilometer-Kostensatz im konkreten Betrachtungszeitraum

Wie in Kapitel 2.3 beschrieben, erfolgt die Berechnung des tatsächlichen Kilometer-Kostensatzes durch Division der tatsächlichen Fahrzeugkosten im konkreten Betrachtungszeitraum durch die während dessen gefahrenen Gesamtkilometer.

In der Excel-Vorlage wird im Blatt „Tats. Kilometer-Kostensatz" der tatsächliche Kilometer-Kostensatz im Betrachtungszeitraums berechnet.

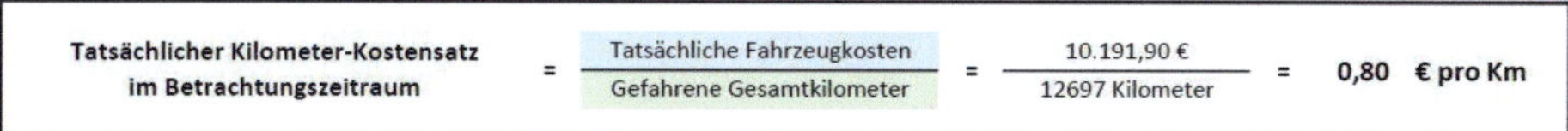

7   Schritt 3: Berechnung tatsächliche Fahrtkosten

Wie in Kapitel 2.3 beschrieben, erfolgt die Berechnung der tatsächlichen Fahrtkosten durch Multiplikation des tatsächlichen Kilometer-Kostensatz mit der Fahrstrecke.

In der Excel-Vorlage wird im Blatt „Fahrtenbuch" automatisch der in Kapitel 6 berechnete tatsächliche Kilometer-Kostensatz übertragen[24] und damit die tatsächlichen Fahrtkosten für die in Schritt 1[25] im Fahrtenbuch dokumentierten Fahrten berechnet.

Fahrtenbuch   für   Audi A6 Avant sport 40 TDI quattro S tronic

Datum	Grund	Start	Ziel	Gefahrene Kilometer	Tatsächlicher Kilometer-Kostensatz	Fahrtkosten
25.01.2023	Grund A	Wohnort	Ort A	200	0,80 €	160,00 €
20.06.2023	Grund B	Wohnort	Ort B	162	0,80 €	129,60 €
Summe Fahrtkosten						289,60 €

---

[24] Die Übertragung je Zeile erfolgt sobald im Feld „Grund" eine Eingabe erfolgt ist.

[25] Siehe Kapitel 5.4

8 Nachweis der tatsächlichen Fahrtkosten in Steuererklärung

Die Eintragung der durch die Schritte 1 bis 3 berechneten tatsächlichen Fahrtkosten in der Steuererklärung wurde bereits in Kapitel 3 erläutert.

Wie mehrfach erwähnt, ist für die Geltendmachung ein Nachweis gegenüber dem Finanzamt notwendig.

Im Allgemeinen ist es aktuell bei der Abgabe der Steuererklärung nicht gefordert direkt alle Belege mit einzureichen.

Nichtsdestotrotz ist es bei der Geltendmachung von tatsächlichen Fahrtkosten empfohlen den Nachweis im gleichen Zug wie die Steuererklärung proaktiv abzugeben.

In Elster kann zur Einreichung von Belegen das Formular „Belegnachreichung zur Steuererklärung" verwendet werden.

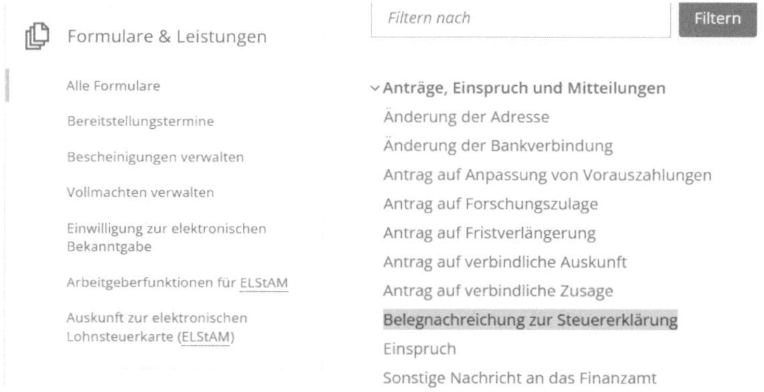

Hierfür bietet es sich an die Blätter „Tats. Kilometer-Kostensatz", „Fahrtenbuch" und „Belege Quellen Rechnungen" in der Excel-Vorlage vorab als PDF zu „drucken" und diese mit dem oben genannten Formular an das Finanzamt zu senden.

9   Ergänzung: ADAC Autokosten

Der Kern dieses Buches ist die Berechnung und der Nachweis des tatsächlichen Kilometer-Kostensatzes für den eigenen Privat-PKW.

Wie bereits in Kapitel 1 erwähnt, ist es den meisten PKW Eigentümern nicht bewusst, wie viel ihr Fahrzeug „wirklich" kostet. Aus diesem Grund wird auch durch den ADAC versucht diese tatsächlichen Kosten unter Berücksichtigung aller Kostenpositionen[26] auszuweisen. Das Ergebnis ist ein normierter Ausweis des Kilometer-Kostensatzes für über 8000 Automodelle/-varianten, zu finden unter https://www.adac.de/rund-ums-fahrzeug/auto-kaufen-verkaufen/autokosten/uebersicht .[27]

Somit wäre der vom ADAC für das eigene Fahrzeug ausgewiesene Kilometer-Kostensatz eine Alternative zur Berechnung des tatsächlichen Kilometer-Kostensatzes durch die Schritte 1 bis 3 in diesem Buch.

Aus der Erfahrung wird der ADAC Kilometer-Kostensatz von den Finanzämtern meist nicht akzeptiert. Grund hierfür ist die Normierung die der Berechnung zu Grunde liegt (z.B. Betrachtungszeitraum von fünf Jahre mit insgesamt 75.000 Kilometer Fahrleistung, Neuwagen, etc.). Diese generellen Annahmen sind in Widerspruch zu dem für die Geltendmachung notwendigen Nachweis der tatsächlichen für den konkreten PKW angefallenen Kosten.

Liegen die notwendigen Belege[28] für die Berechnung nicht vor, ist die Verwendung des ADAC Kilometer-Kostensatzes ggf. einen Versuch wert.

---

[26] Siehe Kapitel 4
[27] Stand 31.10.2024
[28] Siehe Kapitel 5